Lb 41/1595

EXHORTATION
ET
DISCOURS
ADRESSÉS
AUX CITOYENS DE BORDEAUX,

Le 2 Pluviôse, 3e. année républicaine, par le Représentant du Peuple, BORDAS, en mission dans les départemens du Bec-d'Ambès, de la Charente et de la Dordogne.

A BORDEAUX,
Chez MOREAU, Imprimeur, rue Guillaume-Tell, près le Département.

EXHORTATION RÉPUBLICAINE.

Prononcée sur la Place de la Liberté.

Quelle doit être notre joie dans ce moment où la France entière célèbre la fête des Peuples, et l'anniversaire de la dernière heure du despotisme ? Que ce jour mémorable soit transmis à nos descendans ! que chaque année à la même époque ils jurent à toute espèce de tyrannie la haine la plus implacable ! Nous n'avons plus de maître. Il n'est que la Loi qui nous commande. Nous avons proscrit cette race impie et liberticide qui recevoit en naissant le droit de nous asservir à sa volonté. Qu'à notre exemple tous les Peuples apprennent à détester la royauté ! qu'à ce nom seul une sainte fureur s'empare de tous nos sens !

Qu'au milieu de cette Place, jadis souillée par la statue de l'ayeul du dernier de nos tyrans, s'élève celle de la divinité tutélaire des Français ! la Liberté. Qu'à ses côtés on grave sur le marbre ou sur l'airain les noms de ces Héros qui, les premiers, déclarèrent la guerre à la royauté, et qui par leur courage délivrèrent leur patrie de ses oppresseurs! qu'ils trouvent chez le Peuple bordelais les honneurs de l'apothéose! chantons la gloire des deux Brutus, d'Harmodius, d'Aristogiton, de Trasibule, et de Guillaume Tell! que leur haine pour le despotisme passe à nos derniers neveux! jurons la mort de l'entière race des Tarquins! prenons tous l'engagement sacré d'immoler, comme Scævola, quiconque tenteroit de rétablir la royauté! de poignarder, comme Brutus et Cassius, le dictateur qui voudroit nous asservir! de précipiter du haut de la roche Tarpeïenne celui qui, comme Manlius, voudroit s'emparer du Capitole après l'avoir sauvé! d'assassiner, comme Servilius Ahala, celui qui, comme Spurius Mulius, flatteroit le Peuple pour devenir son maître! de livrer au glaive national celui qui, comme Robespierre et ses complices, tenteroit, sous l'air de la popularité, d'usurper une souveraineté qui n'appartient qu'à la masse entière du Peuple!

Jurons une haine durable comme le temps, aux rois, aux dictateurs, aux protecteurs, et à tous ceux qui voudroient comprimer la Liberté nationale.

DISCOURS
CONTRE
LA ROYAUTÉ,

Prononcé dans le Temple de l'Être-Suprême.

C ITOYENS,

La fête que nous célébrons, rappelle de grands souvenirs; et promet au peuple français les plus brillantes destinées. La mort d'un traître, long-temps revêtu de pouvoirs immenses, et que nos préjugés défendoient mieux encore que ses satellites, hâta sans doute de quelques momens le triomphe de la liberté. Cet acte souverain de la justice nationale ne suffisoit cependant pas pour notre régénération. Il étoit à craindre que le coup hardi, frappé sur la tête d'un roi, ne retentît même dans les cœurs fidèles à la Patrie. Le temps, les malheurs, inséparables d'un état de crise et de guerre, pouvoient amener de lâches regrets. Aujourd'hui l'observateur patriote se livre, plein de confiance, à l'espoir d'un glorieux avenir. Cette allégresse, qu'il voit briller dans tous les yeux, est pour lui le garant certain de son bonheur. Eh! comment toutes les ames ne s'abandonneroient-elles pas aux plus doux transports? Les chaînes de la royauté n'ont-elles pas meurtri tous les bras? Encore si les monstres à couronne n'avoient dévasté que notre pays! peut-être notre générosité l'emporteroit-elle sur notre vengeance. Mais, on le sait trop, leurs attentats remontent à l'origine de l'univers, et n'ont d'autres bornes que ses limites. Encore s'ils avoient régné seuls! mais les castes oppressives et superstitieuses sont un présent qu'ils nous ont fait; présent bien digne de leur adroite barbarie. L'homme étoit à peine formé, qu'il rampoit déjà leur esclave; à peine le globe étoit sorti des mains fécondes de la nature, que déjà ils le consideroient comme leur patrimoine héréditaire. En vain les Peuples qu'ils avoient soumis s'agitèrent par intervalle. En voulant soulever le fardeau qui les accabloit, ils en doublèrent le poids.

Ici s'offre naturellement à la pensée un parallèle dont le résultat sera cher aux Républicains.

Le despotisme se produit sous tant de formes, qu'il n'est pas de Gouvernement dans lequel il ne puisse trouver accès. Quoi qu'il en soit, il n'est pas toujours également dangereux. Son existence est plus ou moins précaire, selon le lieu qu'il a choisi pour théâtre de ses fureurs. Dans les Etats démocratiques, il marche sur des précipices : ses prérogatives n'étant fondées que sur l'égarement de l'opinion, une circonstance imprévue, l'audace d'un Brutus, la force de la vérité peut d'un moment à l'autre le replonger dans le néant. Il est même certain que le dominateur populaire doit se perdre par les moyens qu'il prend pour se conserver. Comme il n'existe entre lui et l'immensité des citoyens aucune classe intermédiaire, associée par intérêt et par système à ses projets ambitieux, il faut qu'il lutte presque seul contre les périls de toute espèce. Ceux qui le servent avec le plus de zèle sont moins ses amis que ses rivaux. Leur véritable espoir est de s'asseoir un jour sur ses ruines. Dans cet état, quelle que soit la route qu'il prenne, il rencontre un écueil à chaque pas. Répondra-t-il aux clameurs par le silence ? opposera-t-il la modération au mécontentement général ? Sa foiblesse alors enhardit la révolte. Au lieu de le plaindre, on murmure; au lieu de trembler, on menace. Le traître, offert à tous les regards, touchoit au faîte des honneurs; et bientôt on le cherche; on ne le voit plus : on le cherche encore; on le trouve dans les ténèbres du tombeau. S'armera-t-il au contraire d'une imprudente rigueur ? cherchera-t-il à comprimer les rebelles par l'appareil du supplice ? Loin de conjurer la tempête, il en provoque les éclats; il accroît d'avance l'horreur du destin qui l'attend Entouré de témoins qui l'accusent, de malheureux qui le maudissent, vainement fonde-t-il sa sécurité sur leur destruction. Plus il multiplie ses forfaits, plus il sent le besoin du meurtre. Hier il immola le père parce qu'il vouloit délivrer l'État; il est contraint aujourd'hui d'égorger le fils parce qu'ils 'apprête à venger son père. Quelques victimes ne suffisent plus à ses ressentimens, ni à ses alarmes ; il faut les amonceler dans les cachots, il faut les jeter par centaines dans les abymes de la mort. Cependant le courage de ses ennemis ne s'affoiblit pas avec leur nombre. Un généreux désespoir succède enfin à l'abattement. Un cri de vengeance se fait entendre. Ce cri réveille la fureur. En un moment la trame est formée, les poignards sont prêts, les bras sont levés, et le perfide tombe frappé du coup mortel dans le lieu même où fume encore le sang qu'il a répandu.

Tel est le sort des oppresseurs qui s'élèvent dans les républiques à la faveur d'une fausse popularité. Leur règne est atroce sans doute ; mais il ne dure qu'un moment. Dans les monarchies tout assure au despote une tranquille et longue domination. Le sceptre est-il un héritage que ses ancêtres lui ont transmis ? par cela seul qu'il le tient d'eux, on le considère comme sa propriété légitime, et nul ne songe à le lui ravir. Eblouis par son vain éclat, et n'en recherchant pas la cause, ses sujets ignorans ne voyent pas l'usurpateur : ils n'adressent leurs hommages qu'au favori du destin, au protégé de la nature. Si ses pouvoirs lui sont délégués par les suffrages d'un peuple électeur, il n'en est que plus affermi sur son trône. De quel droit revendiqueroit-on ce qu'on a donné volontairement ? Est-il raisonnable de se plaindre du mal qu'on souffre par sa faute ? Peut-on s'indigner d'être esclave lorsqu'on a forgé ses chaînes de ses propres mains ?

Observez d'ailleurs que les monarques, outre la puissance morale, ont à leur disposition la force physique. Ces soldats, qu'ils attachent à leur personne par les liens de la discipline, ces grands qu'ils opposent à la patrie, en les comblant de leurs faveurs, sont autant de barrières insurmontables ; barrières qu'il faut pourtant franchir si l'on veut aller jusqu'à eux. Du sein de leurs palais étincelant d'armes, ils disposent à leur gré de tous les emplois, maîtrisent toutes les villes et commandent à tous les forts. La politique et l'erreur les secondent de concert. Leurs jannissaires enchaînent les individus; les ministres de leur culte faux subjuguent la volonté même. Aussi n'est-ce que par longs intervalles que les monarchies parviennent à briser le joug qui pèse sur elles. Notre propre expérience nous a trop convaincus de ces doubles vérités. Robespierre n'a régné qu'un an, et les Capets ont opprimé la France pendant huit siècles. Citoyens, peut-on calculer les inconvéniens d'un état de choses si désastreux et si durable? Quoi! les peuples ont eu la foiblesse de transmettre leur souveraineté? et c'est des caprices d'un seul qu'ils ont fait dépendre la destinée commune? Insensés! ils ignoroient donc que l'excès du pouvoir corrompt les ames; que la vertu ne sauroit lutter à la fois contre les honneurs, la corruption et la flatterie; que l'orgueil du commandement étouffe en nous les plus doux sentimens de la nature; et qu'il suffit d'être roi pour cesser d'être homme? On me dira que quelques exemples, puisés dans l'histoire, contredisent cette assertion, cela peut être; mais qu'en conclure? Lorsque, par une sorte de prodige, il s'est trouvé des princes accessibles à l'amour du bien, leurs vœux furent-ils exaucés ? le mal ne s'opéra-t-il pas en leur nom ? Ils étoient exempts d'avarice et de barbarie.... rare avantage pour leurs états qu'on gouvernoit à leur insçu ! étoient-ils aussi sans courtisans et sans ministres ?

Si la fête, qui nous rassemble, manquoit d'intérêt pour vos cœurs, de ces réflexions générales, je descendrois à des considérations particulières. Je vous retracerois les attentats du traître, dont notre juste indignation flétrit aujourd'hui la mémoire : je vous le montrerois balançant d'abord entre le peuple et ses ennemis, se déclarant bientôt pour eux, et les servant par tous les moyens que suggère la perfidie ; je le peindrois recevant d'une main, avec un mouvement de reconnoissance, le premier code de nos lois constitutives, et, de l'autre, le déchirant avec fureur ; déclarant en public une guerre terrible aux transfuges qui nous menaçoient, et dans l'ombre aiguisant les glaives dont ils espéroient nous frapper ; ici jurant de protéger notre indépendance, d'affronter avec nous l'Europe liguée; là s'arrachant à ses honneurs, à son trône; provoquant par sa fuite nos dissentions, nos misères; immolant tout à l'affreux dessein de combattre la France et de l'asservir. Je vous rappellerois ce jour de deuil où le barbare déchaîna ses tigres contre vos frères, où le lâche abandonna si bassement ceux qui se dévouoient pour lui, où, sans pudeur, comme sans remords, il alla chercher un azyle dans le temple de la liberté, qu'il étoit prêt à démolir; je l'offrirois à votre pensée, couvert d'opprobre, en butte aux malédictions de tous les partis, seul au milieu d'une foule immense, ne trouvant plus un homme pour le plaindre, un ami pour le consoler; vous le verriez courbant enfin, sous le couteau destructeur, ce front livide que ceignoit n'aguères un diadême; et vos applaudissemens, répétés au loin, sanctionneroient de nouveau le plus beau triomphe de la patrie. Mais pourquoi retracer de sinistres images! jetons plutôt un voile sur les tombeaux et n'insultons pas au néant. Que les accens de la fureur ne troublent pas nos chants d'allégresse. Il nous suffit d'une généreuse résolution. Répondons par des sermens solemnels, à des clameurs insensées. Des perfides ont osé dire que la liberté chanceloit, que la République alloit périr parceque la justice avoit recouvré ses droits immortels. La Convention saura les confondre par une inflexible rigueur; elle frappera, sans ménagement, quiconque élévera sa tête au-dessus du niveau sacré; les partisans de la monarchie seront toujours, pour elle, un objet d'horreur: avant qu'elle traite avec eux, vos défenseurs auront inondé de leur sang cette terre qu'ils ombragent de leurs lauriers; nos places les plus formidables auront vu leurs murs crouler sous les coups du vainqueur, la flamme aura réduit en cendres le plus bel empire du monde. Tel est l'engagement qu'elle a contracté, que je contracte ici pour elle. Telle est aussi votre invariable détermination. Quatre ans de troubles et de combats n'ont pas dû lasser vos efforts Dix Puissances s'obstinent à vous combattre: déclarez-leur que les revers même ne sauroient vous décourager;

qu'elles n'ont qu'à semer l'intrigue dans toutes les cours, qu'à solliciter des trésors, qu'à mendier des auxiliaires; que la France ne calcule plus les forces de ses ennemis, qu'il est possible de la vaincre, de la ravager, de la détruire; mais non de la replacer sous le despotisme d'un roi.

 BORDAS.

www.ingramcontent.com/pod-product-compliance
Lightning Source LLC
Chambersburg PA
CBHW070536050426
42451CB00013B/3042